Ma Famille

mon arbre généalogique

Catherine Bruzzone

Illustrations Caroline Jayne Church

b small publishing

Un arbre généalogique

Ton arbre généalogique est la carte de ta famille. Il montre comment tu es apparenté, ou relié, aux autres membres de ta famille, tout comme les branches sont reliées au tronc d'un arbre.

L'illustration de la page suivante montre un arbre généalogique simple.

Peux-tu voir les lignes qui te relient à ta soeur et à ton frère, à ton père, à ta mère et à tes grands-parents? Ces lignes t'indiquent comment vous êtes **apparentés**. Ces gens sont ta **parenté**.

Ça ne ressemble peut-être pas à *ta* famille. As-tu plus de frères ou de soeurs? Et tu as peut-être des tantes et des oncles, et beaucoup de cousins. Les arbres généalogiques peuvent illustrer toutes ces personnes. Ils peuvent aussi te renseigner sur beaucoup d'autres faits fascinants, comme l'endroit où ta mère est née, combien de frères et de soeurs avait ta grand-mère, à quel âge est décédé ton grand-père.

Tu seras capable de dessiner ton propre arbre généalogique à la fin de ce livre. Mais, avant de le faire, découvre tout ce que tu peux sur ta famille à l'aide des pages suivantes.

Tu trouveras peut-être plus d'informations ou de photos que les pages suivantes peuvent en contenir. Agrafe des feuilles supplémentaires aux pages ou fabrique une enveloppe spéciale à l'endos.

Tu peux fabriquer un autre livre avec les pages supplémentaires. Perce des trous dans le côté et attache-les à l'aide d'un bout de laine.

Coupe les photos pour qu'elles puissent entrer dans les espaces prévus.

Découpe un triangle dans un carton et colle-le à l'endos.

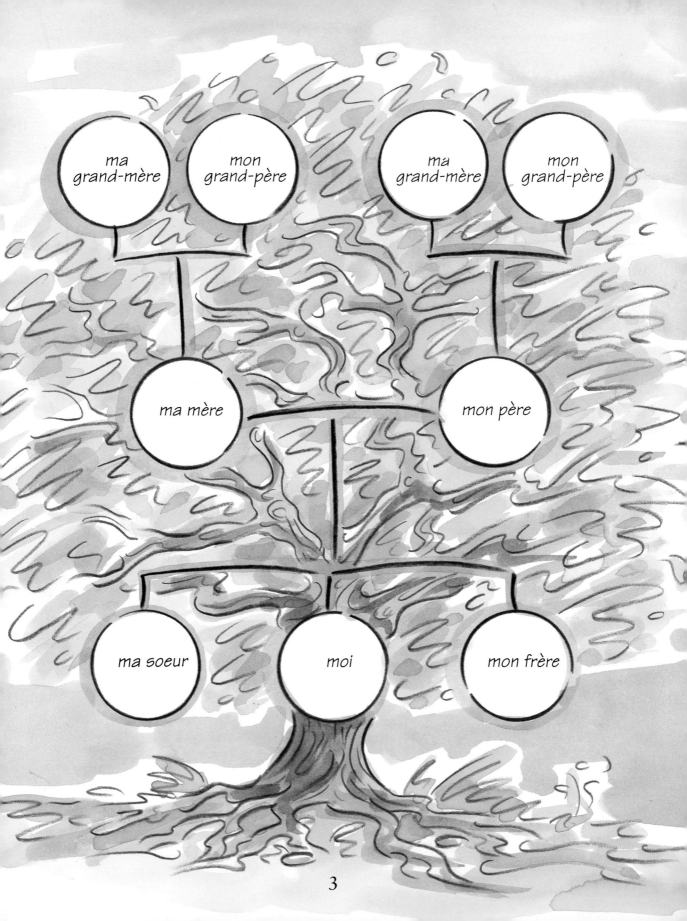

3

Tout sur moi

Je m'appelle

Date de ma naissance

_____

Heure de ma naissance

_____

Lieu de ma naissance

_____

Poids à ma naissance

_____

Taille à ma naissance

_____

Nom de ma mère

_____

Nom de mon père

_____

Nom de mes frères

_____

Nom de mes soeurs

_____

Nom de la personne qui s'occupe de moi

_____

Demande à voir ton certificat de naissance. Est-ce qu'on a tenu un «livre de bébé» lorsque tu étais tout petit?

COLLE UNE PHOTO

moi, bébé

COLLE UNE PHOTO

moi, à l'âge de...

4

Autres personnes qui vivent avec moi

Langues que je parle

Où j'habite maintenant

Nom de mon école ou
de ma garderie

Numéro de
téléphone

Remplis cet espace avec
d'autres renseignements sur toi
ou dessines-y ton portrait.

Ma mère

Elle s'appelle

Nombre de frères [   ]
Nombre de soeurs [   ]

Date de sa naissance

Nom des frères

_____

Lieu de sa naissance

Nom des soeurs

> Demande ces renseignements à tes grands-parents. Par exemple, ils peuvent se rappeler l'heure de la naissance de ta mère.

_____

Heure de sa naissance

Nom des écoles

_____

Nom de famille

_____

COLLE
UNE PHOTO

COLLE
UNE PHOTO

maman, à l'âge de...

maman, à l'âge de...

Diplômes

Peux-tu retrouver les bulletins ou les diplômes de ta mère? Est-ce qu'elle allait danser, nager ou faire du sport?

Travail

Son âge à ma naissance

Couleur des cheveux _____

Couleur des yeux _____

Couleur préférée _____

Mets préféré _____

Dessine ta mère dans cet espace.

Mon père

Date de sa naissance

_____

Lieu de sa naissance

_____

Heure de sa naissance

_____

Demande ces renseignements à tes grands-parents. Par exemple, ils peuvent se rappeler l'heure de la naissance de ton père.

Il s'appelle

Nombre de soeurs ☐

Nombre de frères ☐

Nom des soeurs

_____

Nom des frères

_____

Nom des écoles

_____

COLLE
UNE PHOTO

papa, à l'âge de…

COLLE
UNE PHOTO

papa, à l'âge de…

Diplômes

Couleur des yeux _____

Couleur des cheveux _____

Autres renseignements sur lui

_____
Travail

_____
Son âge à ma naissance

_____

Remplis cet espace avec d'autres renseignements sur ton père ou dessine son portrait.

Mes soeurs et mes frères

Nombre de soeurs [ ]

Nombre de frères [ ]

Ma soeur ou mon frère aîné s'appelle

_____

Date de sa naissance

_____

Lieu de sa naissance

_____

Mon autre soeur ou frère aîné s'appelle

_____

Date de sa naissance

_____

Lieu de sa naissance

_____

_____

Mon autre soeur ou frère plus âgé s'appelle

_____

Date de sa naisssance

_____

Lieu de sa naissance

_____

Si tu as plus de trois frères et soeurs, écris les renseignements demandés sur une autre feuille que tu agraferas à cette page. Tu peux aussi donner des renseignements sur tes demi-frères ou demi-soeurs.

Si tu le veux, écris la façon dont ils te sont apparentés: «Marie est ma demi-soeur. Elle et moi avons le même père.»

«Jean est mon beau-frère. C'est le fils de Marc, qui vit avec ma mère.»

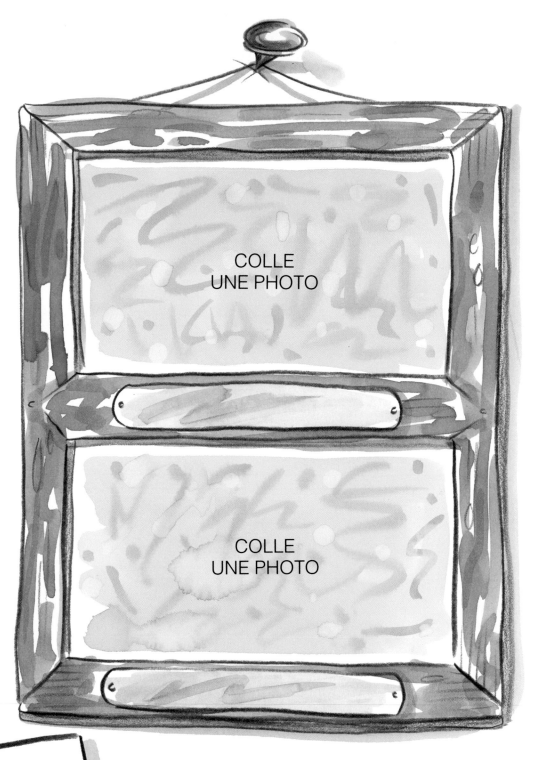

COLLE
UNE PHOTO

COLLE
UNE PHOTO

Qui est sur chaque photo? Quel âge ont-ils? Où et à quelle occasion les photos ont-elles été prises?

Mes tantes et mes oncles

Voici les soeurs et les frères de ma **mère**.

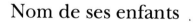

L'aîné de mes oncles ou de mes tantes s'appelle

_____

Date de sa naissance

_____

Lieu de sa naissance

_____

Lieu où elle ou il habite maintenant

_____

Personne avec qui elle ou il habite

_____

Nom de ses enfants

Mon autre tante ou oncle s'appelle

_____

Date de sa naissance

_____

Lieu de sa naissance

_____

Lieu où elle ou il habite maintenant

_____

Personne avec qui elle ou il habite

_____

Nom de ses enfants

Les enfants de tes tantes et de tes oncles sont tes **cousins**. Tu peux recueillir des renseignements sur eux en pages 16 et 17.

_____

Mon autre tante ou oncle s'appelle

Personne avec qui elle ou il habite

_____

Date de sa naissance

Nom de ses enfants

_____

Lieu de sa naissance

_____

Si ta mère a plus de trois frères et soeurs, écris les renseignements sur une autre feuille que tu agraferas à cette page. Peux-tu trouver une photo de ta mère et de ses frères et soeurs lorsqu'ils étaient enfants?

Lieu où elle ou il habite
maintenant

_____

COLLE
UNE PHOTO

COLLE
UNE PHOTO

_____

_____

_____

Écris le nom des personnes sous chaque photo. Où et quand ont-elles été prises? As-tu des photos récentes de ces personnes?

_____

Mes tantes et mes oncles

Voici les soeurs et les frères de
mon **père**.

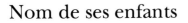

L'aîné de mes oncles ou de mes
tantes s'appelle

_____

Date de sa naissance

_____

Lieu de sa naissance

_____

Lieu où elle ou il habite maintenant

_____

Personne avec qui elle ou il habite

_____

Nom de ses enfants

Mon autre tante ou oncle
s'appelle

_____

Date de sa naissance

_____

Lieu de sa naissance

_____

Lieu où elle ou il habite maintenant

_____

Personne avec qui elle ou il habite

_____

Nom de ses enfants

As-tu des **cousins**?
Ce sont les enfants
de tes tantes et
de tes oncles.
Complète
les pages 16 et 17.

Mon autre tante ou oncle
s'appelle

_____

Date de sa naissance

_____

Lieu de sa naissance

_____

Lieu où elle ou il habite
maintenant

_____

Personne avec qui elle ou
il habite

_____

Nom de ses enfants

Essaie de trouver
une photo de ton
père et de ses
frères et soeurs
lorsqu'ils étaient
enfants.

COLLE
UNE PHOTO

COLLE
UNE PHOTO

Écris le nom des
personnes sous
chaque photo. Où
et quand ont-elles
été prises? As-tu
des photos récentes
de ces personnes?

_____
_____
_____
_____
_____

Mes cousins du côté maternel

Si tes parents viennent d'une grosse famille, tu as peut-être beaucoup de cousins! Commence par ceux du côté maternel. Écris le nom de la soeur ou du frère aîné de ta mère et écris ensuite les renseignements pour chaque cousin.

Nom de leurs parents

_____

Nom de la fille ou du fils aîné

_____

Date et lieu de naissance

_____

Nom de l'autre fille ou fils

_____

Date et lieu de naissance

_____

Nom de leurs parents

_____

Nom de la fille ou du fils aîné

_____

Date et lieu de naissance

_____

Nom de l'autre fille ou fils

_____

Date et lieu de naissance

_____

Mes cousins du côté paternel

Colle une photo de tes cousins sur une feuille. Inscris dessous leur nom et leur âge.

Nom de leurs parents

Nom de leurs parents

_____

_____

Nom de la fille ou du fils aîné

Nom de la fille ou du fils aîné

_____

_____

Date et lieu de naissance

Date et lieu de naissance

_____

_____

Nom de l'autre fille ou fils

Nom de l'autre fille ou fils

_____

_____

Date et lieu de naissance

Date et lieu de naissance

_____

Si tu n'as pas de photo de tes cousins, dessine leur portrait. Lequel est le plus grand et lequel est le plus petit?

Ma grand-mère... la mère de ma mère

Elle s'appelle

_____

Le nom que je lui donne

_____

Son nom de famille

_____

Date de sa naissance

_____

Lieu de sa naissance

_____

Date et lieu de son mariage

Si tes grands-parents sont décédés, tu devras jouer au détective pour remplir ces pages. Ta mère et ton père peuvent-ils t'aider? Ou tes oncles et tes tantes?

Nom de ses soeurs

_____

Nom de ses frères

_____

Nom de son école

_____

Travail

_____

Son âge à la naissance de ma mère

_____

Quelque chose qu'elle se rappelle

COLLE
UNE PHOTO

ma grand-mère, à l'âge de...

18

Mon grand-père... le père de ma mère

Il s'appelle

_____

Le nom que je lui donne

_____

Date de sa naissance

_____

Lieu de sa naissance

_____

Nom de ses soeurs

_____

Nom de ses frères

_____

Nom de son école

_____

Travail

_____

Son âge à la naissance de ma mère

_____

Quelque chose qu'il se rappelle

_____

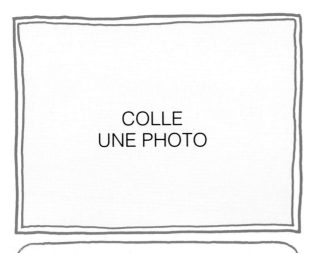

COLLE
UNE PHOTO

mon grand-père, à l'âge de...

Informe-toi de ce qui existait lorsque tes grands-parents étaient jeunes. Le style de vêtements, les jeux auxquels ils jouaient. Se rappellent-ils des événements importants? Pourquoi ne pas écrire ou enregistrer leurs souvenirs?

Ma grand-mère... la mère de mon père

Elle s'appelle

_____

Le nom que je lui donne

_____

Son nom de famille

_____

Date de sa naissance

_____

Lieu de sa naissance

_____

Date et lieu de son mariage

Nom de ses soeurs

_____

Nom de ses frères

_____

Nom de son école

_____

Travail

_____

Son âge à la naissance de mon père

_____

Un événement qu'elle se rappelle

COLLE
UNE PHOTO

ma grand-mère, à l'âge de...

Lis les notes des pages 18 et 19.

Mon grand-père... le père de mon père

Il s'appelle

_____

Le nom que je lui donne

_____

Date de sa naissance

_____

Lieu de sa naissance

_____

Nom de ses soeurs

_____

Nom de ses frères

_____

Nom de son école

_____

Travail

_____

Son âge à la naissance de mon père

_____

Un événement qu'il se rappelle

_____

COLLE UNE PHOTO

mon grand père, à l'âge de...

Quelqu'un peut-il te montrer le certificat de mariage de tes grands-parents? Tu verras alors où et quand ils se sont mariés.

Mon propre arbre généalogique

Dresse ici ton propre arbre généalogique. Commence par quelque chose de tout simple: juste tes frères et soeurs, tes parents et tes grands-parents. Mets ta soeur ou ton frère aîné à ta gauche et les plus jeunes à ta droite. (Regarde l'arbre de la page 3.)

Si tu le veux, demande à quelqu'un de t'aider à faire un plus grand arbre. Cela te permettra d'y mettre tes oncles et tes tantes, tes cousins et peut-être les frères et les soeurs de tes grands-parents... ou même tes arrière-grands-parents! Tu peux ajouter des renseignements, tels que :

n. = né
m. = marié
d. = décédé

Mamie Biron
n. 3 juin 1923
Laprairie

Découvres-en plus sur ta famille

Est-ce que tes parents ou tes grands-parents ont conservé leurs bulletins scolaires? Ils pourraient s'avérer très intéressants... et peut-être amusants aussi!

Tes parents ont-ils des papiers qui montrent combien d'argent ils gagnaient dans leurs premiers emplois? Ou encore de vieux uniformes ou des photos d'eux à leur travail?

Est-ce que quelqu'un de ta famille a déjà écrit son journal? Ou un récit de vacances ou d'une occasion spéciale?

Si des membres de ta famille viennent de l'étranger, dessine ou photocopie une carte géographique et indiques-y leur pays d'origine.

À la bibliothèque de ton quartier, tu peux peut-être retracer des événements de l'année de ta naissance ou de celle de tes parents ou de tes grands-parents. Quel genre de vêtements portaient les gens? Quelle musique aimaient-ils?

Quelles nouvelles choses ont été inventées... et lesquelles ne l'étaient pas encore? Ton professeur peut-il t'aider?

Parle de l'endroit où toi et ta famille êtes nés. Peux-tu retrouver de vieilles cartes postales?

Demande à voir les pierres tombales ou de vieux livres. Tu pourras en apprendre plus sur ta famille.

Pour avoir d'autres idées, va fouiller à « généalogie » au fichier de la bibliothèque de ton quartier.

Texte et illustrations © b small publishing 1991
Version française © Les éditions Héritage Inc. 1993

Tous droits réservés. All rights reserved.

ISBN 1 874 735 61 1

Imprimé à Hong Kong par Wing King Tong

5 4 3 2

b small publishing
Pinewood, 3a Coombe Ridings, Kingston upon Thames, Surrey KT2 7JT, UK

Bien que le masculin soit utilisé dans le texte, les mots relatifs aux personnes désignent aussi bien les hommes que les femmes.